En esta guía práctica encontrarás el paso a paso para utilizar zoom en todos tus dispositivos y las diferentes herramientas que la plataforma te ofrece para conectarte con las personas que más quieres o para las videoconferencias de trabajo que hoy en día son más necesarias.

Espero que disfrutes y puedas aprender con este material que con mucho cariño es armado para ayudarte a utilizar zoom y estés siempre conectado.

DOUGLAS MORALES

INDICE

¿QUÉ ES ZOOM?

Zoom es una aplicación que se basa en poder hacer videoconferencias a través de la nube y puede ser utilizada para reunirse virtualmente con otras personas bien sea por video llamada o solo audio mientras mantiene un chat en vivo durante las sesiones de estas conferencias, la aplicación también te permite grabar las sesiones para poder verlas más tarde

En Zoom, si trabajas a distancia seguramente has oído hablar de esta aplicación o incluso hasta capaz la has utilizado ya que es una de las aplicaciones de software de videoconferencia líderes en el mercado.

Cuando se habla de Zoom, se escucha generalmente las palabras claves de la aplicación Zoom Room y Zoom Meeting. Zoom Meeting, se refiere a una reunión de videoconferencia alojada con Zoom, y puede unirse a estas reuniones mediante una computadora, notebook, tabletas y/o teléfonos.

Zoom Room se refiere ya la configuración del hardware que permite programar y lanzar Zoom Meetings desde sus salas de conferencias.

CARACTERISTICAS DE ZOOM

Zoom es una aplicación que puede ser utilizada con diferentes características de acuerdo al plan que hayas escogido al momento de descargar e instalar la aplicación, las características generales de Zoom podríamos enumerarlas en 3:

1.- la característica más importante si utilizas la aplicación con el plan gratuito es la poder hacer "reuniones individuales" las cuales no tienen límite de tiempo.

2.- esta segunda característica que es la más utilizada es la de poder organizar "videoconferencias grupales", que te permite crearlas con hasta 500 participantes con tiempo ilimitado si compras el complemento reunión grande, y si utilizas el plan gratuito puedes organizar reuniones de hasta 100 participantes con un límite de tiempo de hasta 40 minutos.

3.- La tercera característica general y que puede ser utilizada con cualquier plan de suscripción con sus límites de tiempo, es la de "compartir pantalla" que te permite mostrar lo que ves en tu pantalla a todos los participantes en la reunión.

¿CÓMO FUNCIONA ZOOM?

La aplicación Zoom te permite crear sesiones de chat individuales, llamadas grupales, sesiones de capacitación hasta seminarios web para audiencias internas y externas y videoconferencias globales con hasta 1000 participantes, mostrando por pantalla 49 videos simultáneos, que puedes ir variando deslizando las pantallas para ver los participantes.

Cómo ya sabemos Zoom te ofrece diferentes planes de suscripción variando su precio acorde al plan y al país o moneda en la cual se abonará la suscripción, se detallará acá debajo en este listado las opciones:

1.- Nivel gratuito: te permite reuniones individuales ilimitadas, limitando las sesiones grupales a 40 minutos y un máximo de 100 participantes y sin poder grabar estas reuniones.

2.- Zoom Pro: el precio de este nivel es de 14,99 dólares americanos por mes, permite al anfitrión crear ID de reuniones personales para reuniones de Zoom repetitivas permitiendo también la grabación de las sesiones, limitando las reuniones grupales hasta 24 horas.

3.- Zoom Business: este nivel posee un valor de 19.99 dólares americanos por mes por anfitrión, deben ser 10 como mínimo, le permite marcar las reuniones con URL personalizadas y la marca de la compañía, este plan ofrece transcripciones de las reuniones grabadas en la nube y atención al cliente dedicado.

4.- Zoom Enterprise: el nivel más avanzado con un costo de 19.99 dólares americanos por mes por anfitrión con un mínimo de 100, destinado a grandes empresas, que cuente con más de 1000 empleados, ofrece almacenamiento ilimitado en la nube para las grabaciones de sesiones, un administrador de éxito del cliente y descuentos en seminarios web y Zoom Rooms.

Además de estos 4 planes Zoom ofrece como opcional los Zoom Rooms, si deseas configurar Zoom Rooms puedes inscribirte para una prueba gratuita de 30 días, una vez terminado el período de prueba tiene un costo de 49 dólares americanos por mes y suscripción a la sala mientras que los seminarios web tienen un valor de 40 dólares americanos por anfitrión.

DESCARGA ZOOM

Si bien Zoom permite conectarse a videoconferencias o llamadas desde la web es recomendable descargar la aplicación para obtener una interfaz más amigable bien sea en tu escritorio de pc o en la pantalla de tu teléfono.

Zoom es compatible con todos los dispositivos electrónicos con sistemas operativos que conocemos:

Descarga Zoom para iOS: https://apps.apple.com/us/app/zoom-cloud-meetings/id546505307

Descarga Zoom para Android: https://play.google.com/store/apps/details?id=us.zoom.videomeetings&hl=en

Descarga Zoom para Windows: https://zoom.us/support/download

Descarga Zoom para MAC: https://zoom.us/support/download

Descarga Zoom para LINUX: https://zoom.us/support/download

La interfaz de Zoom varia un poco para los dispositivos móvil y para los escritorios de PC por lo que los botones

se ubican en diferentes posiciones que
te mostraremos a continuación:

Pantalla aplicación de escritorio
(Windows, MAC, LINUX)

Pantalla aplicación móvil (Android, iOS)

Para todas las aplicaciones en los diferentes dispositivos Zoom permite unirse a una reunión sin iniciar sesión, pero también permite iniciar sesión con una cuenta Zoom, Google, Facebook o SSO.

Con la sesión iniciada se puede iniciar una reunión, unirse a una reunión ingresando la ID de la misma, compartir pantalla, silenciar o activar el micrófono, iniciar o detener el video, invitar a otros participantes a la reunión, cambiar su nombre que se muestra en pantalla, chatear y grabar la reunión y guardarlo en la nube y si es usuario de escritorio puede grabar también en su disco duro local.

Desde la aplicación de escritorio también puede crear encuestas, transmitir en su Facebook en vivo y más, dicho en otras palabras, la aplicación de escritorio tiene más funciones, pero si eres un usuario gratuito, se parece un poco más a la aplicación móvil.

Zoom en tu TV

Ahora es posible hacer que Zoom funcione en tu televisor por si quieres ver la video llamada en pantalla grande, te mostramos cómo puedes ver Zoom en tu televisor.

Para las empresas Zoom habilitó los Zoom Rooms para, pero para los usuarios que descargan la aplicación para uso doméstico hay muchas opciones para poder ver Zoom en tu televisor.

Básicamente se puede transmitir de dos maneras, inalámbrico o cableado, la ventaja de conectar por cable es la estabilidad de la conexión y así mismo la ventaja de la conexión inalámbrica es que puedes mantener el teléfono cerca de tu cara.

Puedes conectar tu televisor a través de dispositivos que permitan la conexión de tu teléfono con el mismo, y si utilizas la aplicación de escritorio a través de un HDMI que vaya de tu computador o notebook al televisor.

Acá una lista con ejemplos de los diferentes dispositivos que permiten la conexión de Zoom con tu televisor:

1.- AirPlay con Apple TV o televisores compatibles con AirPlay, es la manera más práctica ti tienes un iPhone, iPad o MAC, con este reflejaras la pantalla de tu dispositivo en tu televisor

Para los dispositivos iOS, asegúrate siempre de que el software esté actualizado tanto en iOS como en el Apple TV, de igual manera los equipos estén conectados a la misma red Wi-Fi o no te funcionará, luego desliza hacia abajo del centro de acciones desde la parte superior derecha de tu iPhone o iPad, en otros dispositivos Touch ID debes deslizar desde la parte inferior hasta arriba y luego pulsa duplicación de pantalla.

Después de realizar estos pasos pulsa el nombre de la Apple TV que aparece en la lista y listo, la pantalla se reflejara en el televisor, luego conéctate a Zoom y realiza la llamada.

Para MAC el proceso también funciona, si esta opción está disponible se verá el icono en la barra superior de la pantalla y, a continuación, simplemente haz clic para compartir la pantalla y listo, se reflejará la pantalla en el televisor, conéctate a Zoom y haz la llamada.

2.- Para otras marcas puedes reflejar tu pantalla en tu televisor con Chromecast, ya que este dispositivo proporciona un puente entre tu teléfono o computador con el televisor. El dongle Chromecast se conecta al televisor a través de un cable HDMI y te da el control de lo que ves, desde Netflix o Amazon Prime, pero además te da la posibilidad de duplicar la pantalla de tu teléfono Android o el navegador Crome o Chrome OS.

Con el Chromecast conectado tendrás que encontrar la opción de reparto, una caja con lo que parece un logotipo de Wi-Fi en la esquina que verás en el navegador Chrome en tu teléfono o Chrome OS, según el fabricante Android el nombre varía, Pixel, Sony, Xiaomi y otros dices "Cast", Samsung lo nombra "Smart View", Huawei "Wireless Projection" y otros tienen otros nombres, pero lo encontrarás en el menú de configuración en la parte superior del teléfono.

Configura el Chromecast y asegúrate de que el teléfono esté conectado a la misma red Wi-Fi a la cual está conectada el Chromecast, encuentra la opción de lanzamiento de tu teléfono y busca dispositivo para compartir, pulsa tu Chromecast y la pantalla del teléfono aparecerá en tu televisor. Abre Zoom y haz la llamada.

Para las computadoras portátiles el proceso es el mismo con la única diferencia que deberás lanzar todo el escritorio y no solo pestañas, esta se debe a que Zoom quiere ejecutarse en su propia aplicación y si lanzas solo una pestaña solo se reflejará esa pestaña en el televisor y no la aplicación real de Zoom.

3.- Para reflejar en tu televisor con Roku es muy parecido al paso anterior, probablemente no lo sabías, pero Roku también es compatible con el sistema Android por lo que, si tiene un teléfono o computador portátil Android y un dispositivo Roku, estarás listo.

Al igual que en el paso número 2, dependiendo del fabricante de tu dispositivo el nombre varía, Cast, Smart View, Wireless Projection entre otros, pero la mayoría de los teléfonos admitirán la conexión por lo que puedes intentarlo con Roku.

Configura el dispositivo Roku, asegúrate de tenerlo conectado a la misma red Wi-Fi tanto el teléfono como el dispositivo, encuentra la opción de conversión espejo y busca los dispositivos conectados, selecciona el modelo de Roku que tengas, confirma que quiere permitir la conexión con tu teléfono y estarás viendo la pantalla en tu televisor, abre Zoom y haz la llamada.

Hoy en día existen una gran serie de televisores que admiten la función de duplicación si necesidad de un dispositivo adicional, por ejemplo, los Smart TV Samsung soportan la duplicación de muchos teléfonos. Nuevamente abre Zoom y haz la llamada.

4.- Para la conexión a través de cable HDMI, será más estable la conexión con el internet para un mejor funcionamiento de la aplicación Zoom, no tienes que preocuparte por dejar caer la señal inalámbrica, pero también significa que tu dispositivo esté conectado al televisor, lo cual lo priva de movilidad a la hora de querer direccionar la cámara o tu posición a la hora de hacer las llamadas.

Otra ventaja de la conexión con cable HDMI, es su simpleza a la hora de hacer la conexión, si su computadora portátil tiene salida HDMI, conecte el extremo de un cable a su computadora y el otro a su televisor y listo ya tienes reflejado la pantalla en tu televisor, y gracias a la conexión con cable el sonido también mejorará ya que el sonido estará direccionado al de su televisor.

Si no tienes HDMI, pero si un clave USB-C, puedes conectarlo también teniendo un dongle que sea compatible con HDMI y el dispositivo al que se está conectando, hay adaptadores que no reconocen la conexión con HDMI por lo que es recomendable tener uno del mismo fabricante del dispositivo. Nuevamente abre Zoom y haz la llamada.

Si quieres mejorar el audio con cualquier dispositivo, puedes conectar bien sea tu teléfono o computadora a un altavoz Bluetooth, esto significa que puedes conectar dicho altavoz y tenerlo cerca de ti, y sin la necesidad de tener tu teléfono o computadora encima escuchar muy bien el audio, si el altavoz incluye micrófono la experiencia puede ser mejor aún.

¿Cuál es la diferencia entre Zoom pagado y gratis?

Hay algunas diferencias entre los planes Zoom de pago y gratuitos que vale la pena señalar.

TRUCOS Y CONSEJOS PARA UTILIZAR ZOOM

A continuación, vamos a mostrar algunos consejos y trucos de la aplicación para Zoom para una mejor experiencia en tus llamadas o videoconferencias.

1.- Zoom permite la creación de reuniones recurrentes, es decir, se puede establecer la configuración de llamadas que se deseen una vez y hacer que estén cada vez que planee reunirse y unirse a llamadas utilizando

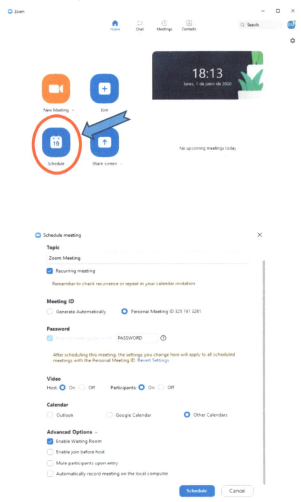

el mismo URL cada vez.

Vista desde aplicación de escritorio.

Vista desde la aplicación móvil.

Después de iniciar sesión ir a programar, hacer clic en repetir y configurar los parámetros que se quiere para la reunión.

- Nombre de la reunión.
- Fecha, hora y zona horaria.
- Repetir ninguna, todos los días, semanal, cada 2 semanas, mensual o anualmente.

- Dejar de repetir, si hay una fecha en específico en la cual no quiere que se repita la reunión.
- Hacer clic en generar ID automáticamente o utilizar un ID personal.
- Elegir la contraseña de la reunión.
- Opciones de la reunión: Video del anfitrión y participantes ON/OFF, Habilitar sala de espera, permitir participantes ingresar antes que el anfitrión, grabar la reunión de manera automática.
- Agregar a calendario de Outlook, Google, otro calendario.

2.- Para grabar las llamadas de Zoom como video el anfitrión tendrá que habilitar las grabaciones en la configuración de su cuenta, luego de haber iniciado sesión vaya a la pestaña configuración de la cuenta / reunión, luego en la pestaña grabación y por ultimo habilitar grabación de video. Esta configuración es solo para la

aplicación de escritorio.

Vista desde aplicación de escritorio.

Para habilitar la grabación de los participantes, estando en la llamada / video conferencia, el anfitrión deberá hacer clic en "Administrar participantes" y en el menú hacer clic en el botón más junto al nombre del participante al que se le otorgará los privilegios y seleccionar la opción "Permitir grabar".

Para la grabación de una reunión el anfitrión puede habilitar la grabación para todos los participantes, usuarios o grupos y seleccionar a su preferencia done quiere almacenar la grabación, si en la nube o local en su disco duro. Cabe destacar que la grabación en la nube solo esta disponibles para los usuarios que tengan un plan de pago.

Por otra parte, para la grabación de las llamadas o videoconferencias de Zoom en los dispositivos móviles, es necesaria una membresía paga ya que desde estos dispositivos solo se almacenan en la nube, donde los espacios para las grabaciones son limitadas, selecciones muy bien las grabaciones que desee conservar.

Desde la aplicación móvil si quiere grabar la reunión solo siga estos simples pasos:

- Inicia la reunión desde la aplicación.
- Haz clic en los tres puntos que aparecen en la esquina inferior derecha de la pantalla.
- Por último, clic en "Grabar" y aparecerá un icono de grabación y la capacidad de pausar o detener la grabación.
- Al finalizar la llamada la grabación se guardará en la sección "Mis Grabaciones" de Zoom.

Zoom guarda las grabaciones localmente en la carpeta de Zoom de su pc, que por lo general la ruta a esa carpeta sería:

C: \ Usuarios \ Nombre de usuario \ Documentos \ Zoom

Por otra parte, también puede acceder fácilmente a las grabaciones desde la aplicación dirigiéndose a la pestaña "grabada" que aparece en cada reunión que se encuentra en el historial de reuniones de la aplicación.

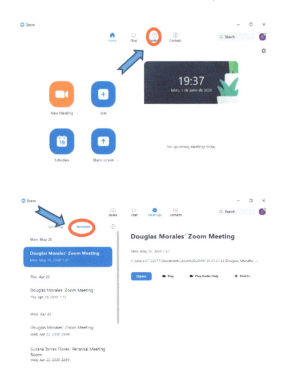

Vista desde aplicación de escritorio.

3.- Para animar un poco las videoconferencias o simplemente quieres tapar lo que se ve detrás de ti en los videos, puedes seleccionar fondos virtuales, que Zoom ofrece unos varios tipos de paisajes urbanos, el espacio o vistas de océano como predeterminados, pero también puedes cargar una imagen de tu preferencia.

Para agregar el fondo de pantalla en la aplicación de escritorio, simplemente hay que dirigirse a la pestaña configuración y seleccionar el fondo de su preferencia, si quiere agregar fondos personalizados, haga clic en el símbolo de más (+) arriba y a la izquierda, y elija

la imagen en los archivos de su computadora que desee agregar.

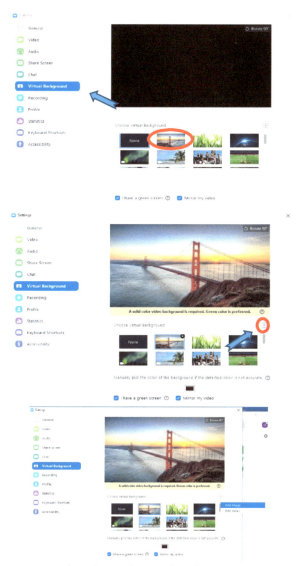

Vista desde aplicación de escritorio.

Si lo prefiere también se puede agregar el fondo durante una reunión y cambiarlo cuantas veces quiera, solo diríjase a la flecha al lado del símbolo de video y seleccione la opción "Elegir fondo virtual" y repita los último 2 pasos dentro de la configuración de fondo virtual.

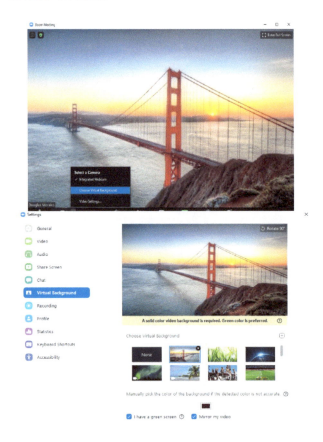

Vista desde aplicación de escritorio.

Por parte de Zoom se recomiendo utilizar una pantalla verde y una buena cámara web para obtener resultados más óptimos en la utilización del fondo virtual, pero de igual manera es posible utilizar el fondo virtual sin una pantalla verde.

Para utilizar fondos virtuales en la aplicación móvil, únase o inicie una reunión y luego dirigirse a los tres puntos que salen en la esquina inferior derecha y hacer clic en la opción más, seleccionar fondo virtual y seleccionar el fondo de su preferencia.

Al igual de poder elegir fondos virtuales, Zoom te ofrece la capacidad de retocar tu apariencia cuando participe de una reunión, con la función "Retocar mi apariencia" Zoom hace un retoque sutil para que los participantes vean una imagen más nítida y con un filtro que suaviza las líneas finas y te hace ver de una manera más natural.

Esta opción se activa haciendo clic en la pestaña configuración, y en la solapa Video, marcar la casilla junto a la opción retocar.

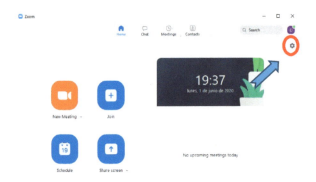

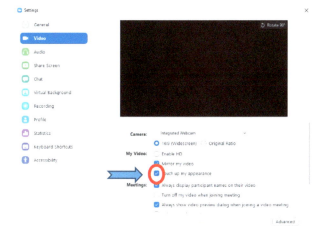

Vista desde aplicación de escritorio.

4.- Además de grabar las reuniones, Zoom puede transcribir automáticamente le audio de una reunión que se grabe en la nube, cómo anfitrión de la reunión, tiene la posibilidad de editar su transcripción, escanear el texto y buscar palabras claves para acceder a momentos específicos de la grabación y compartir.

Esta función se activa desde el portal web de Zoom, navegar hasta la configuración de mi reunión, y en la opción de grabación en la nube desde la pestaña de grabación, verifique que la función de transcripción esté habilitada. Si la opción esta atenuada, eso quiere decir que se ha bloqueado a nivel de grupo o cuenta, en ese caso consulte con su administrador de Zoom.

5.- Desde la vista de galería, se puede ver hasta 49 participantes a la vez en la reunión en lugar de los 25 predeterminados, todo dependiendo de su dispositivo

Desde la aplicación móvil Zoom la opción predeterminada al unirse o comenzar una reunión es mostrar la vista de altavoz activa, si uno o más participantes se unen a la reunión, se verá en miniatura le video en la esquina inferior derecha. Desde la aplicación móvil se puede ver simultáneamente hasta cuatro participantes, si el número de participantes es mayo a cuatro, se deberá deslizar entra pantallas para ver el resto de los mismos.

Si por su parte desea ver más de 4 participantes y hasta 49 por pantalla, necesitará unirse o crear la reunión desde la aplicación de escritorio, una vez en la aplicación de escritorio debe dirigirse a configuración y hacer clic en video para mostrar la configuración de video, habilitar la opción "Mostrar hasta 49 participantes por pantalla en la vista de galería".

Si desea ver 49 personas, necesitará el cliente de escritorio Zoom para MAC o Windows. Una vez que tenga la aplicación de escritorio instalada en su computadora, debe ir a Configuración y hacer clic en Video para mostrar la página de configuración de video. Luego, habilite la opción "Mostrar hasta 49 participantes por pantalla en la Vista de galería".

6.- Si bien Zoom te da la posibilidad de compartir tu pantalla ya sea desde la aplicación de escritorio y la aplicación móvil, no solo te permite esta función sino también pausar el uso compartido de la pantalla, con solo hacer clic en "Pausa Compartir" cuando no quiera mostrar a los participantes de la reunión la pantalla por algo en

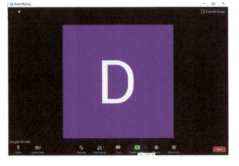

esp ecíf ico.

Vista desde aplicación de escritorio.

Vista desde aplicación móvil.

7.- A parte de compartir pantalla con los demás participantes, Zoom te permite el compartir archivos también, cómo también tienes acceso a la función de pizarra, para escribir comentarios que requiera en el momento.

Por otro lado, es posible el hacer anotaciones mientras se visualiza la pantalla compartida de otro participante, para acceder a esta función seleccione "Ver opciones" en la parte superior de la ventana de Zoom y luego hacer clic en anotar, aparecerá una barra de herramientas con las diferentes opciones permitidas como

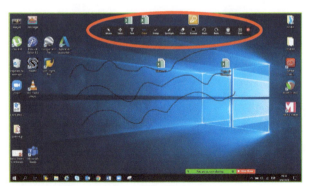

anotación, texto, dibujo, etc.

Vista desde aplicación de escritorio.

Vista desde aplicación móvil.

8.- Para facilitar la experiencia en las reuniones y entre las distintas herramientas y opciones que te permite y da acceso Zoom, hay una serie de atajos o comandos en el teclado para la aplicación de escritorio y acá los enlistamos para que puedas utilizarlos:

- Alt + A o Comando (⌘) + Shift + A = Silenciar / activar sonido
- Alt + M o Comando (⌘) + Control + M = silenciar / activar el audio para todos excepto el anfitrión
- Alt + S o Comando (⌘) + Control + S = Iniciar el uso compartido de pantalla
- Alt + R o Comando (⌘) + Shift + R = Iniciar / detener grabación local
- Alt + C o Comando (⌘) + Shift + C = Iniciar / detener la grabación en la nube
- Alt + P o Comando (⌘) + Shift + P = Pausar o reanudar la grabación
- Alt + F1 o Comando (⌘) + Shift + W = Cambiar a la vista activa del orador en una reunión de video

Esperamos que con esta guía su experiencia con la aplicación Zoom bien sea para escritorio o para móvil sea más agradable y pueda disfrutar de esas llamadas o videoconferencias que le permitan ya sea, trabajar con mayor comodidad o bien sea para disfrute y poder ver y hablar y sentirse más cerca de los familiares y amigos que se encuentran a la distancia.

www.ingramcontent.com/pod-product-compliance
Lightning Source LLC
LaVergne TN
LVHW072052060326
832903LV00054B/407